MUNICIPALITÉ DE PARIS.

ARRÊTÉS
DU DÉPARTEMENT
DES TRAVAUX PUBLICS,
& de celui des Subsistances
& Approvisionnemens.

A l'occasion des Atteliers de Charité, destinés pour les Canaux de Dieppe & de Bourgogne.

AVIS.

On trouve, ci-après, pages 17 & 18, la copie exacte du Titre & de l'Extrait de la Délibération du 4 Janvier dernier, tels qu'ils sont insérés dans la feuille périodique qui, pour en détruire les alarmantes & pernicieuses impressions, ont nécessité les Arrêtés & la Délibération du Commerce qui suivent.

MUNICIPALITÉ DE PARIS.

ARRÊTÉ

DU DÉPARTEMENT

DES TRAVAUX PUBLICS,

A l'occasion des Atteliers de Charité, destinés pour les Canaux de Dieppe & de Bourgogne.

LE Département des Travaux Publics ayant pris lecture du Numéro Ier du VIIIe Volume d'une Feuille périodique intitulée : *Le Courier de Paris dans les Provinces & des Provinces à Paris*, & dans lequel est inséré l'*Extrait d'une Dé-*

A

libération attribuée à *l'Assemblée générale de la Ville de Dieppe & du fauxbourg du Polet lés Dieppe, du 4 Janvier dernier*; & considérant combien les assertions dont cette Délibération est semée, lui sont injurieuses, en même temps qu'elles sont alarmantes pour la ville de Dieppe & ses environs, a cru devoir faire céder le mépris qu'il voue aux Auteurs ténébreux *des Lettres écrites à des Négocians de ladite Ville*, & dont le but étoit d'accroître ses inquiétudes, au besoin de porter le calme dans les esprits, en rendant un compte fidéle des motifs qui l'ont déterminé à envoyer des Ouvriers pour travailler au canal de Dieppe à Pontoise.

La cessation graduelle du travail dans toutes les branches d'industrie augmentant chaque jour le nombre des Ouvriers indigens, & le Gouvernement, oubliant ses propres besoins pour s'occuper de la misère publique, ayant fait de nouveaux efforts pour venir à leur secours, il étoit du devoir des Administrateurs du Département des travaux Publics, d'appliquer les sacrifices du Gouvernement à des ouvrages dont l'utilité pût être générale; & après avoir distribué des atteliers dans l'intérieur & les environs de Paris, ils ont étendu leurs regards sur les Provinces.

Le Canal de Bourgogne & celui de Dieppe, projettés depuis long-temps, ont fixé particulièrement leur attention.

En considérant de quelle importance seroient ces deux Canaux, pour ouvrir une libre communication de la Manche à la Méditéranée; combien l'agriculture, la pêche, le commerce, les propriétés en retireroient d'avantages; calculant la masse des richesses qu'ils verseroient dans toutes les Villes qui en seroient à portée, le Département a pensé que les bienfaits du

Gouvernement ne pouvoient être mieux employés qu'à la confection de ces utiles travaux. Cependant, avant de faire aucune disposition à cet égard, il a consulté M. de la Millière, des Ingénieurs, & les personnes les plus capables de lui donner les lumières & les renseignemens dont il avoit besoin. Tous les avis se sont réunis en faveur de ce Projet.

M. le Moine, un des Membres de la Commune de Paris, étant l'Auteur & le Cessionnaire du Privilége du Canal de Dieppe, le Département a du le consulter ainsi que M. Niel, son successeur à la Mairie de cette dernière Ville, Syndic du Département Provincial, Député du Commerce, & spécialement chargé de solliciter l'ouverture de ce Canal.

Après avoir démontré tous les avantages que la ville de Dieppe devoit en retirer particulièrement, MM. le Moine & Niel ont rendu compte de la stérilité de la dernière pêche du hareng, principal objet de la subsistance de leur Ville, de la chûte des Manufactures, du desœuvrement & de la misère des gens du pays, pour lesquels ils ont sollicité le partage des travaux, avec toute la chaleur du sentiment. Mais le Département ne pouvoit accéder entièrement à leur dernier vœu. Paris ne doit les secours particuliers que lui accorde le Gouvernement qu'à son immense population, qu'à la grande influence de sa tranquillité sur celle des Provinces, & sur l'heureuse révolution qui doit assûrer le bonheur de la Nation : le Ministre bienfaisant, qui dispense les secours, ne pouvoit les partager sans les affoiblir, & ils suffisoient à peine.

Le Département mit sous les yeux de M. Neker toutes les observations qu'il avoit recueillies, & parvint à en obtenir une augmentation de secours qui avoit le double avantage de diminuer à Paris le nombre, * *non des Avanturiers oisifs*, mais des indigens honnêtes qu'il renferme, & de porter une source de prospérités dans deux Provinces. Il fixa à 1200 le nombre des Ouvriers qui seroient envoyés de Paris, & permit d'y joindre aussi des gens du pays. Il ordonna, en même temps, que les fonds destinés à leur paie fussent versés chaque semaine dans ces Provinces.

D'après la décision du Ministre, le Département s'est occupé des moyens d'assûrer la subsistance des Ouvriers qu'il devoit envoyer, de maintenir parmi eux l'ordre & la discipline, & d'assûrer la tranquillité de la ville de Dieppe & de ses environs.

MM. le Moyne & Niel n'ont rien négligé pour mettre le Département à portée

---

Nota. Toutes les Citations, en caractère italique, sont extraites de la Feuille périodique, ci-dessus citée.

de remplir fes vues, & c'eſt d'après leur avis que le Département des Subſiſtances avoit donné des ordres pour qu'il fut envoyé, chaque ſemaine, de ſes Magaſins de S.-Vallery ſur *Somme*, cinquante ſacs de bled à Arques, & qu'on avoit pris des meſures pour que le pain fût fabriqué & diſtribué dans cet endroit, afin que les Ouvriers n'euſſent aucun prétexte de ſe rendre à Dieppe, dont l'entrée leur étoit défendue. Ces précautions ſont loin ſans doute d'annoncer *un fatal projet, un deſſein prémédité vis-à-vis de cette Cité.*

Tous ces Ouvriers *n'étoient point indiſtinctement ramaſſés à Paris;* ils étoient connus, & n'avoient été enregiſtrés que ſur la préſentation de leurs diſtricts; on avoit pris leur ſignalement; ils étoient diviſés par brigades de 50 à 60 hommes; & pour prévenir les inconvéniens qu'auroit entraîné le défaut de logemens & de vivres, il devoit y avoir quelques jours d'intervale entre ceux de leur départ; elles devoient marcher fous la conduite de Chefs fages, munis d'un double de leurs fignalemens, & le Département avoit envoyé, fur la route, des perfonnes de confiance, pour prévenir de leur paffage, pourvoir à leur gîte & à leur fubfiftance.

Telles étoient les précautions prifes & employées avec fuccès pour les 600 Ouvriers envoyés en Bourgogne. Ils y ont été bien accueillis; ils y travaillent fans trouble & de concert avec les gens du pays; & les villes de Brienon & de S.-Florentin n'ont accufé perfonne d'avoir employé des *moyens de la plus infigne perfidie*.

Le Département doit encore rendre juftice au défintéreffement patriotique de M. le Moine, qui avoit offert à la chofe publique l'hommage de fes droits fur la propriété du Canal, fi ce facrifice pouvoit déterminer le Gouvernement à se charger entièrement de sa confection, & à n'y point établir de péages.

D'après l'exemple satisfaisant de ce qui se passoit en Bourgogne, le Département alloit faire partir, avec confiance, les Ouvriers qui étoient destinés pour Dieppe, lorsque la Feuille périodique, ci-dessus citée, a transformé aux yeux du Public, l'application de cette œuvre de charité en *une irruption d'Avanturiers ramassés au hazard ; en une surprise, faite par l'intrigue, à la religion des Ministres, en un attentat redoutable à la sûreté générale & individuelle de la ville de Dieppe, de ses environs & des propriétés ;* a paru même critiquer jusqu'à l'envoi des subsistances ; a traité enfin ces sages précautions *de projet fatal, jettant la consternation & la crainte, & de moyens de la plus insigne perfidie.*

Deux Députés du Comité permanent

de Dieppe ont été chargés d'adreſſer à l'auguſte Aſſemblée Nationale, & aux miniſtres, leur réclamation contre l'envoi de ces Ouvriers ; il l'ont également adreſſée aux Chefs de la Municipalité de Paris ; il ont obtenu l'effet de leur demande, & cet Attelier de charité n'a point eu lieu.

Mais cette réclamation, ces déclamations, cette publicité par la voie des Journaux, à laquelle on ne peut ſuppoſer aucun but légitime, qui défigurent les motifs & les vues les plus utiles, qui ſont de nature à jetter l'allarme, à inſpirer de la défiance & de la crainte, à rompre la précieuſe harmonie ſans laquelle les Citoyens ne peuvent concourir au bonheur commun, ont déterminé le Département à rendre compte des faits dans la plus grande ſimplicité & exactitude : il eſt perſuadé qu'étant réunis à l'approbation la plus formelle du commerce de Dieppe (1), ils suffiront pour faire connoître que la charité, la tranquillité publique, & le bien général dirigeoient seuls sa marche, & les avis des Citoyens honnêtes qu'il avoit consultés ; que tout ce qui pouvoit intéresser les Pauvres du pays, la subsistance & le bon ordre avoient été prévus; que ces Pauvres n'auroient pas seuls profité des bienfaits du Gouvernement, en partageant personnellement les travaux, mais que tous les Ouvriers qui auroient gagné entr'eux une somme de douze cent livres, chaque jour, ne l'auroient reçue d'une main que pour la verser de l'autre dans celles de toutes les familles qui auroient fourni à leurs besoins, & qui vont être privées de cet avantage ; que cet ouvrage précieux pour Paris, pour une grande partie du Royaume, & principalement pour Dieppe,

---

(1) Voyez l'Extrait de la Délibération du Commerce de Dieppe, *page* 15.

auroit pu être creusé, en tout ou en partie, sans aucune destination spéciale de fonds; que cela, joint au sacrifice offert par M. le Moine, pouvoit faciliter l'inapréciable avantage de l'exemption, de tout ou de partie, d'un péage qui devient indispensable par la voie ordinaire d'une entreprise.

En conséquence, le Département a arrêté que ce simple & fidèle récit sera imprimé, distribué, & particulièrement adressé à MM. les Députés de Paris, avec invitation d'en rendre compte à l'auguste Assemblée Nationale; qu'il sera également adressé à MM. du Comité permanent de Dieppe, avec prière de rendre justice aux vues qui ont animé le Département; qu'il sera enfin communiqué à la Chambre du Commerce de cette même Ville, pour la confirmer dans l'opinion qu'elle paroît avoir conçue du desir qu'il avoit d'être utile à la Province, &

des précautions qu'il avoit prises pour qu'elle pût jouir tranquillement des bienfaits du Gouvernement; étant persuadé que ces vérités les engageront par la suite à se tenir en garde contre les insidieuses insinuations des ennemis du bien, de l'union & de la tranquillité des Citoyens, & qu'ils croiront les Administrateurs du Département des Travaux publics de Paris sincèrement disposés à concourir fraternellement avec eux à tout ce qui pourra contribuer au rétablissement du bon ordre, de la confiance mutuelle & du bonheur de la Nation.

Fait au Département des Travaux Publics, à Paris, le 13 Février 1790.

Signé, *Cellérier*, Lieutenant de Maire; *Estienne de la Rivière*, *Jallier de Savault*, *Lejeune* & *Plaisant*, Conseillers-Administrateurs.

ARRÊTÉ *du Département des Subsistances & Approvisionnemens de Paris.*

Le Département des Subsistances et Approvisionnemens de la Ville de Paris adhère pleinement, & dans tout son contenu, à l'*Arrêté* du Département des Travaux-Publics, du 13 Février courant. Il déclare qu'il a regardé la confection du canal de Dieppe comme très-avantageuse au Royaume en général, à la Ville de Paris, & à celle de Dieppe; & que c'est par ces considérations, & sur les représentations qui lui ont été faites par M. le Moine, de la rareté des grains dans le canton de Dieppe & environs, qu'il s'est déterminé à ordonner l'envoi de cinquante sacs de bled par semaine pour la subsistance des Ouvriers destinés à ces travaux, afin que leur présence, loin de nuire, devînt, au contraire, pour le Canton un objet d'utilité réelle en tout genre.

Ce 19 *Février* 1790.

Signé, *Vauvilliers*, Lieutenant de Maire; *Charpin*, *Filleul*, *Lablée*, Administrateurs.

Par le Département, Signé, *Pitra*, Secrétaire général.

Extrait de la Délibération de l'Assemblée Générale du Commerce de la Ville de Dieppe, du 22 Janvier 1790.

LA Séance a été ouverte par la lecture de plusieurs lettres de M. Niel, relatives aux démarches & sollicitations qu'il a faites pour la continuation du canal de Dieppe à Paris.

Après l'appel nominal, l'Assemblée, à la très-grande majorité des voix, a déclaré formellement approuver, comme de fait elle approuve formellement, par la présente Délibération, les démarches & sollicitations auxquelles il s'est livré pour & au nom du Commerce de cette Ville, à l'effet de la continuation du canal jusqu'à Paris, s'en référant toujours au contenu de toutes les précédentes Délibérations pour la nature des Pouvoirs dont elle le revêtissoit sur le fait de sa mission, & particulièrement au contenu de la Délibération du Comité de MM. ses Correspondans du 12 Octobre ; regardant (ladite Assemblée) l'entreprise dudit canal projetté, si l'on parvenoit à en obtenir la sanction, comme devant nécessairement offrir, dans l'intérieur du Royaume, une communication telle par son étendue, qu'elle assûreroit à jamais la prospérité & la splendeur du Commerce de cette Ville ; & ne pouvant absolument qu'applaudir à la sagesse des précautions de détail que M. son Député avoit prises pour que le travail à ce nécessaire ne fût fait que par des gens sûrs, & qui ne pouvoient être nuisibles ni à charge au canton ; & pour que la présente Délibération puisse servir à M. Louis Niel d'Acte justificatif contre toutes les fausses, injustes, calomnieuses & atroces inculpations dont, en apparence, on a pris à tâche de prévenir le Public contre lui, l'Assemblée a prié le Comité de MM. ses Correspondans de lui en envoyer copie duement collationnée par le Greffier de la jurifdiction confulaire, avec pleine liberté de la faire imprimer, fi befoin eft, ainfi que toutes autres piéces qu'il jugera convenables, s'en rapportant au furplus aux bons foins dudit Comité fur la manière de lui exprimer les juftes & fincères remerciemens qu'elle lui vote pour toutes fes peines, & en même-tems les regrets les plus vifs dont elle eft pénétrée fur l'événement malheureux & inattendu qui paroîtroit, pour le préfent, en avoir retardé le fuccès ; parce qu'auffi il voudra bien l'engager à ne point perdre courage, mais, au contraire, à redoubler d'efforts pour la reprife du Projet, en lui obfervant que, fi l'occafion lui devient favorable, il cherche à en profiter pour demander que l'entreprife du canal fe faffe en plufieurs atteliers, fans que ce foit pourtant une raifon de s'y refufer, dans le cas où l'on ne voudroit en accorder qu'un, ce que l'Affemblée a figné, lecture faite : ainfi figné au Regiftre.

Le Baron; *P. le Brun*; *Bruzen*; *L. Boilay*; *Cavellier*, fils; *D. le Canu*, fils; *Michau*, aîné; *Frédéric Michau*; *Niel*, fils; *Jacques Flouest*; *Quenouille*, l'aîné; *Ferdinand le Griel*; *Michel-Colin Olivier*; *Pierre Lamotte*; *A. Cavors*; *Michau*; *Abraham Vaffe*; *Charles Reine*; *J. B. C. Cartel*, fils; *Charles Hamel*; *J.-Baptifte-Félix Blanquet*; *L. Défabie*, fils; *Sénateur Lofmer*; *Jofeph Voifin*; *Louis Paon*; *Duval*; *J. le Grand*, l'aîné; *Frédéric-Jean le Baron*, fils; *Jacques Deflandes*; *J. Q. Mutel*; *Bruzen*; *Abdon Garnier*; *J.-Pierre Blanquet*; *Thomas Moriffe*, tous avec paraphe.

Collationné & certifié conforme au fufdit Regiftre des Délibérations, par nous Greffier en la Jurifdiction Confulaire de Dieppe, fouffigné. A Dieppe, le vingt-trois Janvier mil fept-cent quatre-vingt-dix, *Signé*, POTEL.

De l'Imprimerie de LOTTIN *l'aîné* & LOTTIN *de S.-Germain*, Imprimeurs-Libraires Ordinaires de la VILLE, rue S.-André-des-Arcs, N° 27.

Extrait des Délibérations de l'Assemblée générale de la Ville de Dieppe & du Faux-bourg du Polet-lès-Dieppe, du 4 Janvier 1790, à l'occasion de l'irruption inopinée de 700 hommes dans cette Ville.

L'ASSEMBLÉE Générale séante, ouï le Rapport de l'un de ses Membres : disant qu'il y avoit un grand nombre d'hommes enregistrés d'un Attelier de la Ville de Paris, pour aller travailler à Dieppe, au Projet du sieur le Moine, ancien Maire de ladite Ville de Dieppe, relatif au Canal d'Arques à Pontoise .... ; & que, sur le soir dudit jour d'hier, les inquiétudes du Comité permanent, s'étant accrues par de nouvelles particularités consignées dans plusieurs Lettres écrites à des Négocians de ladite Ville, au nombre desquelles particularités celle-ci se trouve consignée, savoir : « Que le Subdélégué du Havre avoit des ordres du Ministère, pour expédier, à ce sujet, une cargaison de 2,500 boisseaux de bled ; comme aussi, que le Subdélégué de Dieppe auroit aussi reçu des ordres analogues au même objet ; enfin, qu'informations prises, on auroit été certain de la très-prochaine venue d'un Attelier d'Ouvriers *indistinctement ramassés* à Paris, & attendus particulièrement à raison de 50 hommes par jour, desquels le départ de Paris devoit être fixé au 7 du courant ; enfin, que la résidence de ces *Aventuriers* devoit être établie dans les Village & Château de Thibermont, distant d'une demi lieu de cette Ville, pour, de-là, *soi-disant*, s'occuper des travaux du Canal d'Arques.

» Toutes informations prises, ledit Comité, *consterné par la crainte des événemens les plus redoutables pour la sûreté générale & individuelle des Habitans de cette Ville*, & *des Habitans circonvoisins*, qui, comme Compatriotes, & ayant des rapports mutuels & intimes, ont les mêmes intérêts ; &, *sensiblement effrayé des suites d'une irruption d'autant plus allarmante, que son fatal projet perce, tout-à-coup, les ombres de la clandestinité*, & *du plus profond mistère*, & *un dessein prémédité vis-à-vis de cette Cité*, par *l'intrigue de ceux qui ont surpris la religion du Ministère*, sans doute en offrant le spécieux attrait de débarrasser la Capitale *d'une partie d'Aventuriers oisifs qui l'infectent*, & qui en font le tourment. Sur quoi ladite Assemblée Générale délibérant, a déclaré & déclare qu'elle voit avec toute satisfaction le juste empressement de son Comité permanent à s'acquitter sans délai de l'un de ses plus importans devoirs, dans les conjonstances actuelles d'une grande Révolution, qui ne s'opère pas sans qu'on ait *à lutter contre les moyens de la plus insigne perfidie.*

A ce sujet, ladite Assemblée Générale, prenant en considération que les arrangemens faits subitement dans cette saison la moins propre aux travaux, pour amener *une Légion d'Ouvriers expatriés, pour en infester cette contrée*, & les répandre au milieu d'Habitans & de Compatriotes encore paisibles, malgré tous leurs revers & leur extrême misère, occasionés autant par la cherté & par la dissipation des subsistances, que par toutes les pertes de la Pêche aux harengs, qui, cette année, est des plus malheureuses, à quoi se joint le défaut de tous autres ouvrages, ce qui réduit déjà, tant en Ouvriers Tonneliers, que de notre Manufacture de tabac, plus de 1,500 Citoyens à n'avoir pas de travail. Considérant ces arrangemens & les sourdes précautions ou les mesures détournées qui les ont jusqu'ici accompagnées, pour en soustraire jusqu'à la moindre connoissance à cette Ville.... *Considérant*, &c.

.... Ladite Assemblée Générale a arrêté & arrête de députer, & députe deux Citoyens de ses Membres, qui sont MM. Vasse, *ex-Président*, & Blaizot, *Procureur-Syndic* de la Commune, lesquels ont accepté, & auxquels ladite Assemblée Générale donne charge & recommandation de partir à la levée de cette Séance, pour se rendre en la Ville de Paris, auprès des Ministres, &, en tout cas, d'obtenir, par la médiation de M. Bourdon, notre Concitoyen, & Député du Baillage de Caux, l'admission à la Barre de l'Auguste Assemblée Nationale, pour lui dénoncer *l'irruption dont notre Ville & nos environs sont menacés*; & conjurer cette Auguste Assemblée de prendre en sa plus grande considération *ces évènement*, effrayant pour tous & un chacun de nos Compatriotes, *quant à leurs personnes & quant à leurs biens*; &, pour qu'en conséquence elle daigne, par son Décret, prévenir le trouble & les allarmes, qui sont les avant-coureurs & les suites funestes *de l'attentat dont nous sommes menacés, pour la sûreté générale & individuelle*; &, pour les mesures ultérieures, M. le Président à renvoyé la Séance à quatre heures de relevée de cejourd'hui; &, lecture faite, les Membres présens ont signé, &c.

Collationé par les Secrétaires du Comité permanent, soussigné ce 4 Janvier 1790.

Leclerc, Marcassin, Secrétaires.

De l'Imprimerie de LOTTIN *l'aîné* & LOTTIN *de S.-Germain*, Imprimeurs-Libraires Ordinaires de la VILLE, rue S.-André-des-Arcs, N° 27.

www.ingramcontent.com/pod-product-compliance
Lightning Source LLC
Chambersburg PA
CBHW062002070426
42451CB00012BA/2554